Impressum
Verlag: BABADADA GmbH, Nedderfeld 112 , 22529 Hamburg
Geschäftsführer / Verlagsleitung: Harald Hof
Druck: Books on Demand GmbH, In de Tarpen 42, 22848 Norderstedt

Imprint
Publisher: BABADADA GmbH, Nedderfeld 112 , 22529 Hamburg, Germany
Managing Director / Publishing direction: Harald Hof
Print: Books on Demand GmbH, In de Tarpen 42, 22848 Norderstedt

school

اسکول

classroom
کلاس روم
divide
186/2
board
teacher
استاد
paper
write
pen
پين
desk
ميز
ruler
book
pupil
شاگرد

satchel

بستو

pencil case

پينسل باڪس

pencil

پينسل

pencil sharpener

پينسل شارپنر

rubber

ربڙ

drawing pad

ڊرائنگ پيڊ

drawing

برائنگ

paintbrush

پينٽ برش

paint box

پينٽ باڪس

scissors

قينچي

glue

ڪئونر

exercise book

مشق ڪرڻ واري ڪاپي

homework

هوم ورڪ

number

عدد

add

جوڙ ڪرڻ

subtract

ڪٽ ڪرڻ

multiply

ضرب ڪرڻ

calculate

حساب ڪرڻ

letter

خط

alphabet

الفابيٽ

word

لفظ

text

مضمون

read

پڙهڻ

chalk

چاڪ

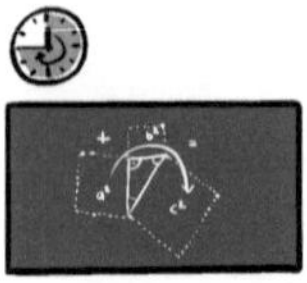

lesson

سبق

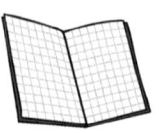

register

رجسٽر

examination

امتحان

certificate

سرٽيفڪيٽ

school uniform

اسڪول يونيفارم

education

تعليم

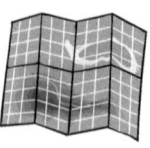

encyclopedia

انسائڪلوپيڊيا

university

يونيورسٽي

microscope

خوردبيني

map

نقشو

waste-paper basket

ردي جي ٽوڪري

travel
سفر

hotel
هوٽل
Grand
hostel
هاسٽل
ROOMS
EXCHANGE
currency exchange office
رقم تبديل ڪرائڻ جي آفيس
suitcase
سوٽ ڪيس
car
ڪار

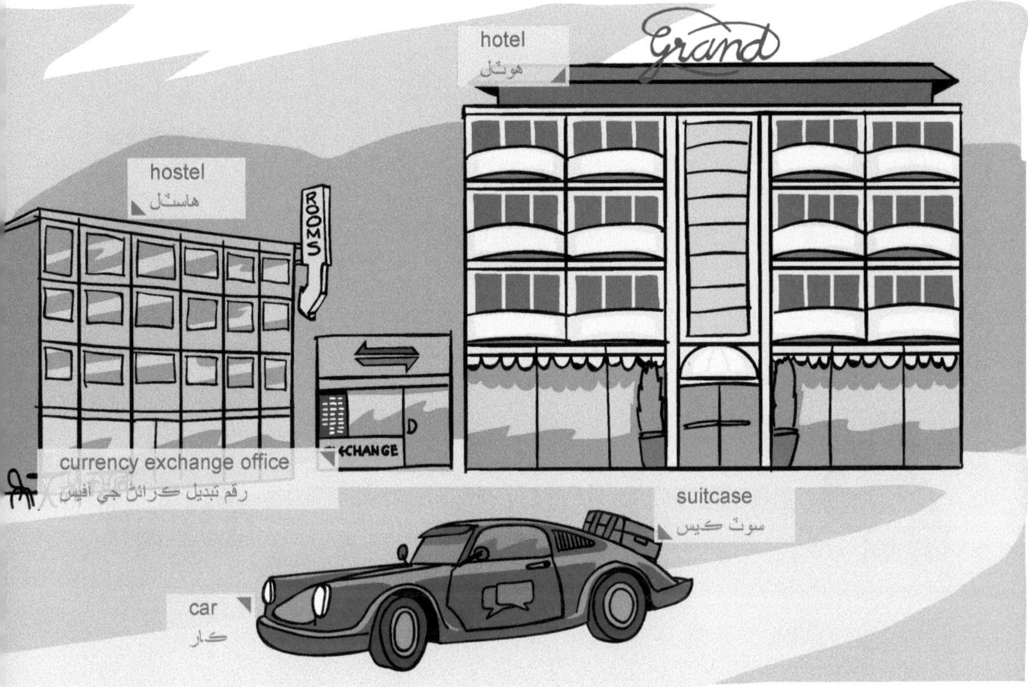

language
....
ٻولي

yes / no
....
ها يا نه

Okay
....
صحيح آهي

hello
....
هيلو

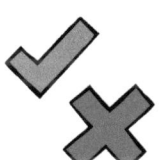

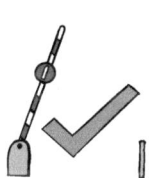

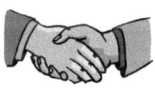

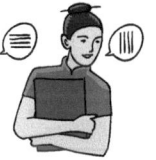

translator
....
مترجم

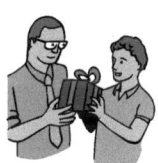

Thank you
....
مهرباني

how much is...?

هن جي قيمت گهڻي آهي.....؟

I don´t get it

مون کي سمجھ ۾ نٿو اچي

problem

مسئلو

Good evening!

گڊ ايوننگ

Good morning!

صبح بخير

Good night!

شب خير

goodbye

الوداع

direction

طرف

luggage

سفري سامان

bag

بيگ

backpack

پويان ٻڌن وارو بيگ

guest

مهمان

room

ڪمرو

sleeping bag

بستر وارو بيگ

tent

خيمو

tourist information

سیاحت بابت معلومات

beach

سمند کنارو

credit card

کریډټ کارډ

breakfast

ناشتو

lunch

لنچ

dinner

ډنر

Ticket

ټکټ

elevator

لفټ

stamp

مهر

border

سرحد

customs

ګاهک

embassy

سفارتخانو

visa

ویزا

passport

پاسپورټ

transport

آمد و رفت

airplane
هوائي جهاز
ship
سمندري جهاز
fire truck
باھ واسائڻ واري گاڏي
truck
ٽرڪ
bus
بس
motorboat
موٽر بوٽ
bike
سائيڪل
car
ڪار

ferry
فيري

boat
ٻيڙي

motorbike
موٽر سائيڪل

police car
پوليس ڪار

racing car
ريسنگ ڪار

rental car
رينٽل ڪار

car sharing
....
چشئيرنگ ڪار

tow truck
....
چڪڻ وارو ٽرڪ

garbage truck
....
ڪچري واري ٽرڪ

engine
....
ڪار

fuel
....
فيول

fuel station
....
پيٽرول اسٽيشن

traffic sign
....
ٽريفڪ جا نشان

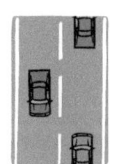

traffic
....
ٽريفڪ

traffic jam
....
ٽريفڪ جام

parking lot
....
ڪار پارڪ

train station
....
ٽرين اسٽيشن

tracks
....
پٽڙيون

train
....
ٽرين

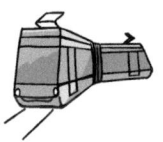

tram
....
ٽرام

wagon
....
ويگن

helicopter

هيليڪاپٽر

airport

ايئرپورٽ

tower

ٽاور

passenger

مسافر

container

ڪنٽينر

cart

ريڙهي

basket

ٽوڪري

take off / land

اڏرڻ / زمين تي لهڻ

city

شهر

village

ڳوٺ

city center

شهر جو مرڪز

house

گهر

carton

ڊبو

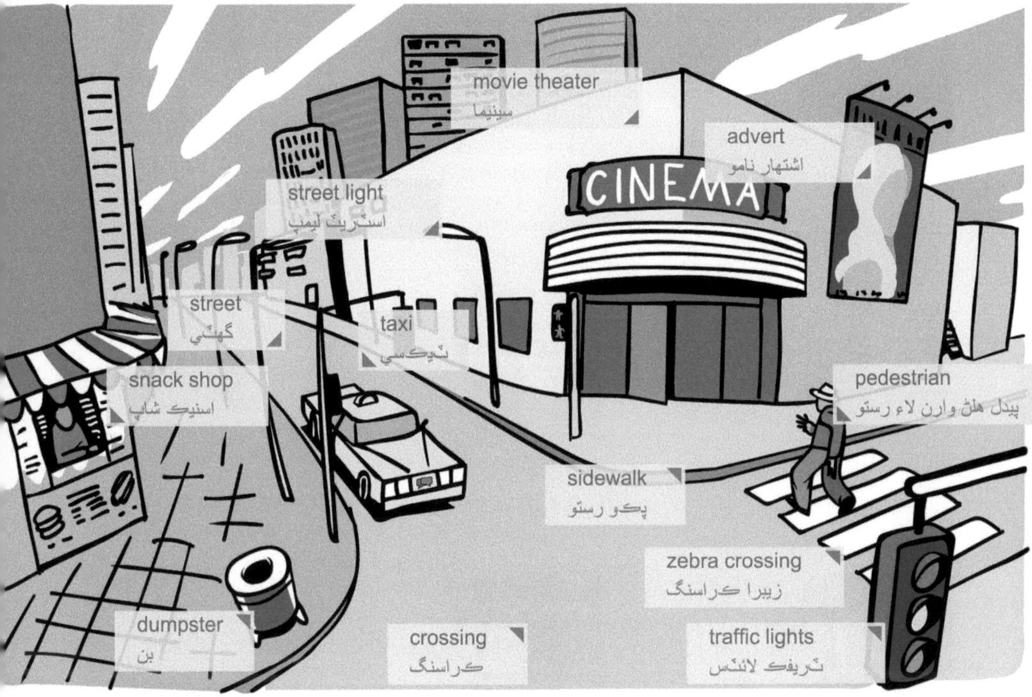

movie theater
سینما

advert
اشتهار نامو

street light
اسٹریٹ لیمپ

CINEMA

street
گهٹي

taxi
ٹیکسي

snack shop
اسنیک شاپ

pedestrian
پیدل هلن وارن لاء رستو

sidewalk
پکو رستو

zebra crossing
زیبرا کراسنگ

dumpster
بن

crossing
کراسنگ

traffic lights
ٹریفک لائٹس

hut
جهوپڑي

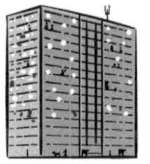

apartment
فلیٹ

train station
ٹرین اسٹیشن

city hall
ٹائون هال

museum
عجائب گهر

school
اسکول

university

يونيورسٽي

bank

بينڪ

hospital

اسپتال

hotel

هوٽل

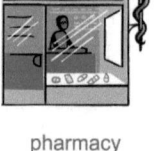

pharmacy

فارميسي

office

آفس

book shop

ڪتابن جي ڪتاب

shop

دڪان

flower shop

گلن جي دڪان

supermarket

سپر مارڪيٽ

market

مارڪيٽ

department store

ڊپارٽمينٽ اسٽور

fishmonger's shop

مڇي جي دڪان

mall

شاپنگ سينٽر

harbor

بندرگاه

park

پارک

bench

بينچ

bridge

پل

stairs

ڏاڪڻ

subway

زير زمين ميٽرو

tunnel

سرنگ

bus stop

بس اسٽاپ

bar

شراب خانو

restaurant

روسٽورينٽ

postbox

پوسٽ باڪس

street sign

اسٽريٽ سائن

parking meter

پارڪنگ ميٽر

zoo

چڙيا گهر

swimming pool

سوئمنگ پول

mosque

مسجد

farm

فارم

pollution

آلودگي

cemetery

قبرستان

church

چرچ

playground

راند جو ميدان

temple

مندر

landscape

زميني منظر

leaf
پتو

signpost
سائن بورڊ

path
رستو

meadow
ساوڪ واري زمين

stone
پٿر

hiker
پيادل هلڻ وارو هائيڪر

tree
وڻ

river
دريا

grass
ڇٻر

flower
گل

valley

وادي

hill

جبل

lake

ڍنڍ

forest

گل

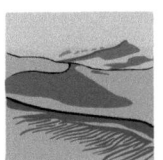

desert

ريگستان

volcano

آتش فشان

castle

قلعو

rainbow

انڊلٺ

mushroom

ڪنيي

palm tree

کھجي جو وڻ

mosquito

مڇر

fly

مک

ant

ڪيولي

bee

ماکي جي مک

spider

مڪڙي

beetle

ٽنڊڻ

frog

ڏيڏر

squirrel

نوريئڙو

hedgehog

چاهو

hare

خرگوش

owl

چٻرو

bird

پکي

swan

بدڪ

boar

سوئر

deer

هرڻ

moose

آمريڪي هرڻ جو قسم

dam

ڊيم

wind turbine

هوا سان هلڻ واروٽربائين

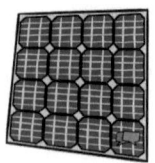

solar panel

سولر پينل

climate

آب و هوا

restaurant
روسٽورينٽ

waiter
ويٽر
menu
کاڌي جي فهرست
chair
ڪرسي
soup
سوپ
pizza
پيزا
cutlery
چهري ڪانٽا
tablecloth
ٽيبل جو ڪپڙو

starter
اسٽارٽر

main course
مين ڪورس

dessert
کاڌي کانپوءِ کائڻ وارو مٺو

drinks
مشروب

food
خوراڪ

bottle
بوتل

fast food

فاسٽ فوڊ

street food

اسٽريٽ فوڊ

teapot

ڪٽلي

sugar bowl

شگر باؤل

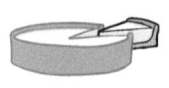

portion

ٽڪڙو

espresso machine

ايسپريسو مشين

high chair

اونچي ڪرسي

bill

بل

tray

ٽري

knife

چهري

fork

ڪانٽو

spoon

چمچ

teaspoon

چانهن جو چمچو

serviette

سرويئٽي

glass

گلاس

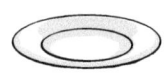

plate

....

پليٽ

soup plate

....

سوپ پليٽ

saucer

....

ساسر

sauce

....

چٽڻي

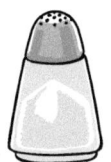

salt shaker

....

لوڻ داني

pepper mill

....

مرچ پيسڻ وارو

vinegar

....

سرڪو

oil

....

کاڌو پچائڻ وارو تيل

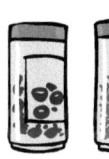

spices

....

مصالحو

ketchup

....

ڪيچ اپ

mustard

....

سرنهن

mayonnaise

....

مايونيز

supermarket
سپر مارڪيٽ

special offer
خصوصي آفر
customer
خريدار
dairy products
fruit
shopping cart

butcher's shop

گوشت جي دڪان

bakery

بيڪري

weigh

وزن ڪرڻ

vegetables

سبزيون

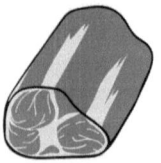

meat

گوشت

frozen food

ڄميل کاڌو

cold cuts

سرد گوشت

canned food

دٻي ۾ بند کاڌو

detergent

واشنگ پاؤڊر

candy

مٺائي

household products

گهريلو سامان

cleaning products

صفائي ڪرڻ وارا پراڊڪٽس

sales representative

سيلز پرسن

cash register

ڪيش رجسٽر

cashier

خزانچي

shopping list

خريداري جي فهرست

opening hours

اوقات ڪار

wallet

پرس

credit card

ڪريڊٽ ڪارڊ

bag

بيگ

plastic bag

پلاسٽڪ بيگ

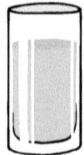

drinks
مشروب

water

پاڻي

juice

جوس

milk

کير

coke

ڪوڪ

wine

وائن

beer

بيئر

alcohol

الڪوهل

cocoa

ڪوڪو

tea

چائي

coffee

ڪافي

espresso

ايسپريسو

cappuccino

ڪيپيوچينو

banana

کیلو

apple

صوف

orange

مالټو

melon

خربوذو

lemon

لیمون

carrot

گجر

garlic

ثوم

bamboo

بانس

onion

بصر

mushroom

كنيي

nuts

اخروټ، بادام

noodles

نوډلز

spaghetti

اسپيگٽي

rice

چانور

salad

سلاد

fries

چپس

fried potatoes

تريل پٽاٽا

pizza

پيزا

hamburger

هيم برگر

sandwich

سينڊوچ

escalope

گوشت جو ٽڪرو

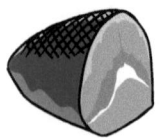

ham

سور جي ران جو گوشت

salami

خشڪ گوشت

sausage

ساسيج

chicken

مرغي

roast

روسٽ

fish

مڇي

porridge oats

جوَ جو دليا

muesli

ميوزلي

cornflakes

كارن فليكس

flour

اٽو

croissant

كروئسنٽ

bread roll

بريڊ رول

bread

بريڊ

toast

ٽوسٽ

cookies

بسكٽ

butter

مکڻ

curd

دهي

cake

كيک

egg

انڊا

fried egg

فرائي ٿيل انڊو

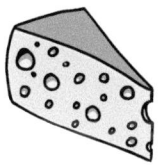

cheese

پنير

ice cream

آئس کریم

sugar

کنډ

honey

ماکي

jelly

مربو

nougat cream

چاکلیټ اسپرید

curry

ٻاڄي

farm house
فارم هائوس
straw bale
پلال جوگنڍ
barn
گدام
field
زمين
horse
trailer
ٽريلر
tractor
ٽريڪٽر
foal
گهوڙي جو ٻچو
donkey
sheep
رڍ
lamb
رڍ جو ٻچو

goat

ٻڪري

cow

ڳئون

calf

پاڏو

pig

سؤر

piglet

سؤر جو ٻچو

bull

ڍڳو

farm - فارم 27

goose

هنس

duck

بدڪ

chick

چوزا

hen

مرغي

cockerel

مرغو

rat

ڪوئو

cat

ٻلي

mouse

ڪوئو

ox

ڏاند

dog

ڪتو

dog house

ڪتي جو گهر

garden hose

گاربن هوز

watering can

پاڻي جو ڪين

scythe

ڏاٽو

plow

هر

sickle

ڏاٽو

hoe

رنبو

pitchfork

ڏانداري

axe

ڪهاڙو

pushcart

هٿ سان هلائڻ واري ريڙهي

trough

حوض

milk can

کير جو ڏٻو

sack

ڳوڻ

fence

لوڙهو

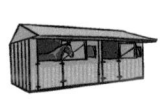

stable

اصطبل

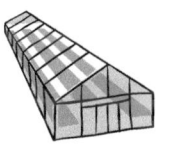

greenhouse

گرين هائوس

soil

مٽي

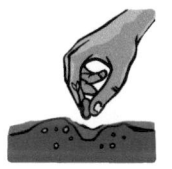

seed

ٻج

fertilizer

کاد

combine harvester

ڪمبائنڊ هارويسٽر

harvest

فصل ڪٽڻ

harvest

فصل ڪٽڻ

yams

هڪ قسم جي ترڪاري

wheat

ڪڻڪ

soya

سويا

potato

پٽاٽو

corn

مڪائي

rapeseed

توري جو ٻج

fruit tree

ميون جو وڻ

manioc

ڪساوا

grain

اناج

house

گھر

chimney
چمني
roof
چھت
downspout
نڪاسي جو پائپ
window
دري
doorbell
دروازي جي گھنٽي
garage
گيراج
door
دروازو
trash can
ڪچري جي ٽوڪري
mailbox
ليٽر باڪس
garden
باغ

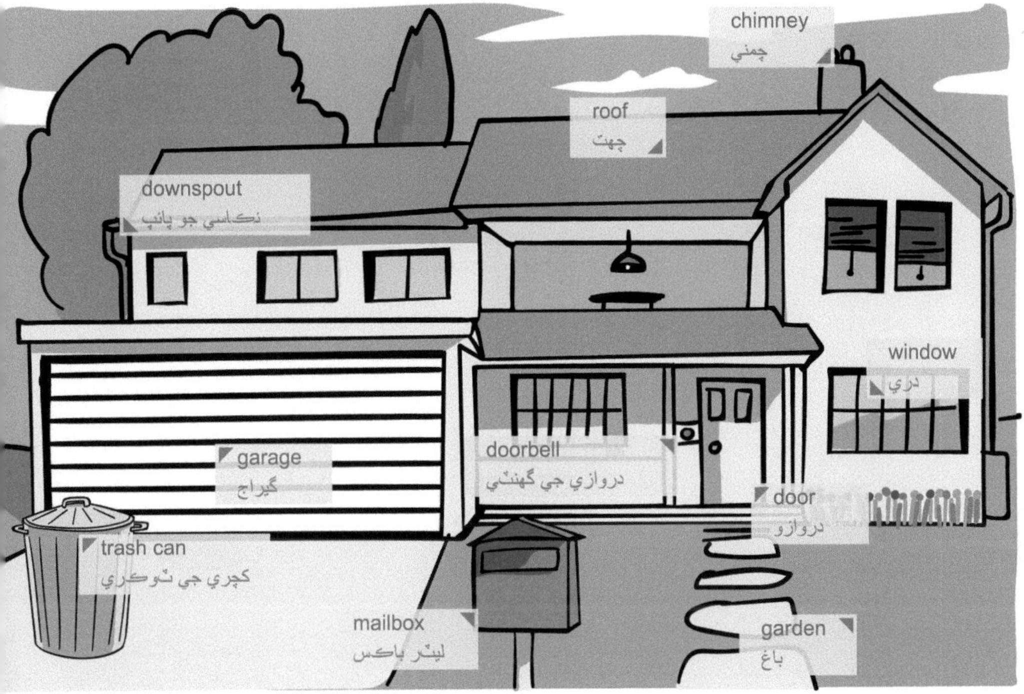

living room

لوونگ روم

bathroom

غسل خانو

kitchen

باورچي خانو

bedroom

بيڊروم

kids room

ٻارن جو ڪمرو

dining room

ڊائننگ روم

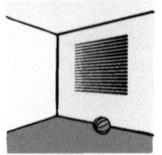

floor

فرش

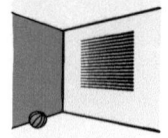

wall

ديوار

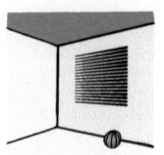

ceiling

چهت

cellar

تهخانو

sauna

ٻاڦ وارو غسل

balcony

بالڪوني

terrace

ٽيرس

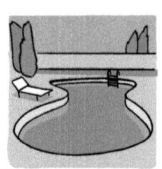

pool

تلاءُ

lawn mower

گاه ڪٽڻ واري مشين

sheet

چادر

bedspread

چادر

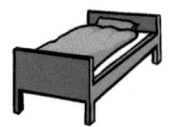

bed

بيڊ

broom

جهاڙو

bucket

بالٽي

switch

سوئچ

living room
لوونگ روم

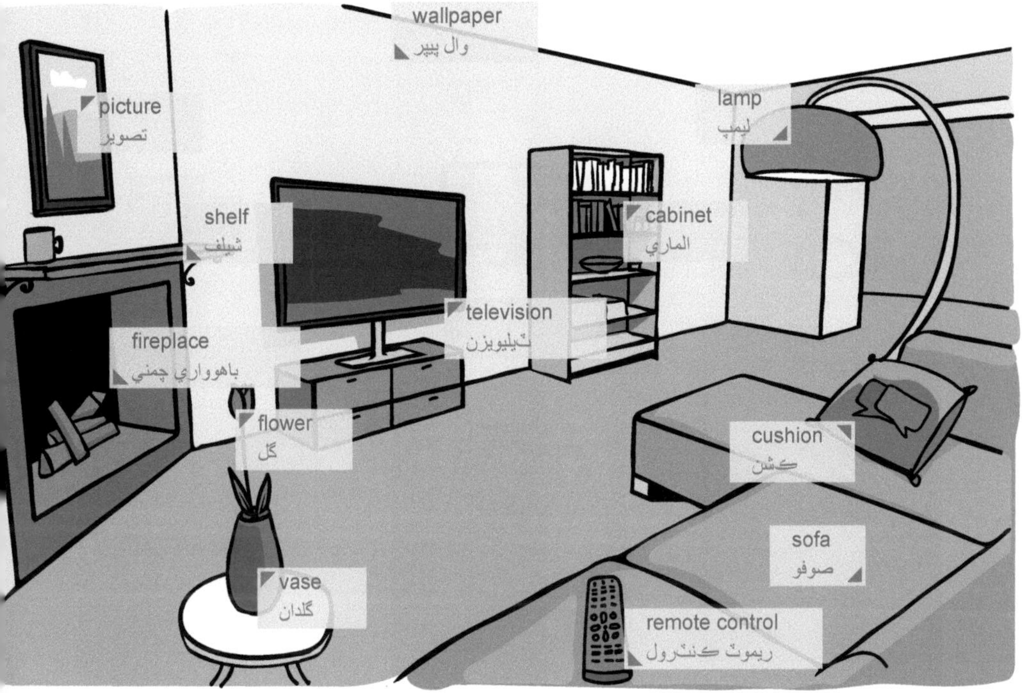
wallpaper
وال پیپر
picture
تصویر
lamp
لیمپ
shelf
شیلف
cabinet
الماري
television
ټیلیویزن
fireplace
باهوواري چمني
flower
گل
cushion
کشن
sofa
صوفو
vase
گلدان
remote control
ریموټ کنټرول

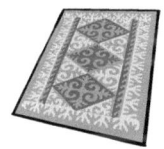

carpet

قالين

drape

پردو

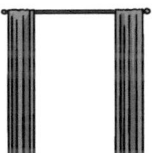

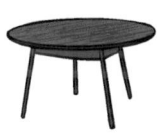

table

میز

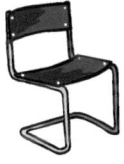

chair

کرسي

rocking chair

لڼـ واري کرسي

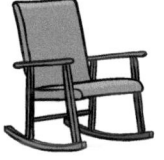

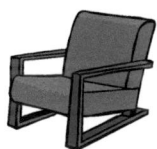

armchair

آرام کرسي

book

كتاب

blanket

كمبل

decoration

آرائش

firewood

ٻارڻ واريون ڪاٺيون

film

فلم

stereo system

هائي فائي

key

چاٻي

newspaper

اخبار

painting

پينٽنگ

poster

پوسٽر

radio

ريڊيو

notebook

نوٽ بڪ

vacuum cleaner

ويڪيوم ڪلينر

cactus

ٿوهر جو ٻوٽو

candle

ميڻ بتي

kitchen

باورچي خانو

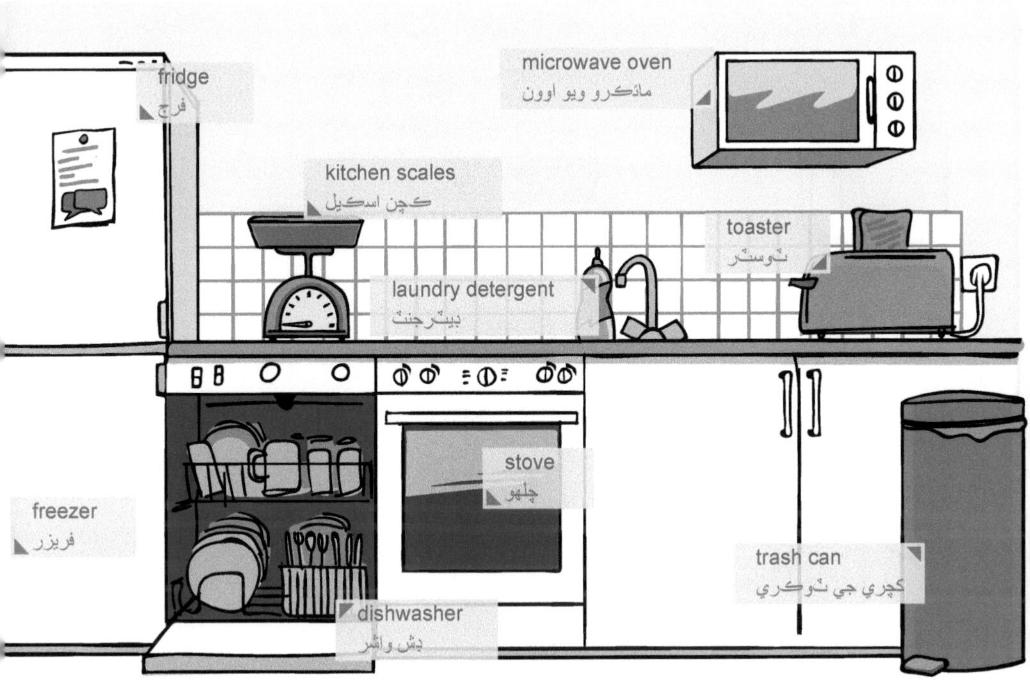

fridge
فرج
microwave oven
مائڪرو ويو اوون
ڪچن اسڪيل
toaster
ٽوسٽر
laundry detergent
ڊيٽرجنٽ
stove
freezer
فريزر
trash can
ڪچري جي ٽوڪري
dishwasher
ڊش واشر

cooker

ڪُڪر

pot

ٿانوَ

cast-iron pot

ڪاسٽ آئرن جا ٿانو

wok / kadai

ڪڙهائي

pan

ترڙ وارو ٿانو

kettle

ڪيٽلي

steamer

اسٽيمر

baking tray

بيڪنگ ٽري

crockery

ڪراڪري

mug

مگ

bowl

پيالو

chopsticks

چاپ اسٽڪس

ladle

ڏوئي

spatula

ٽفٽي

whisk

سبزي مڪسر

strainer

چهاڻي

sieve

چهاڻي

grater

ڪدو ڪش وارو اوزار

mortar

اکري

barbecue

بار بي ڪيو

fireplace

ڪليل باھ

chopping board

....

سبزي ڪٽڻ وارو بورڊ

rolling pin

....

ويلڻ

corkscrew

....

ڪارڪ اسڪريو

can

....

ڪين

can opener

....

ڪين اوپنر

oven cloth

....

ٿانوَ پڪڙڻ وارو ڪپڙو

sink

....

سنڪ

brush

....

برش

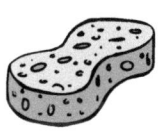

sponge

....

اسفنج

blender

....

بلينڊر

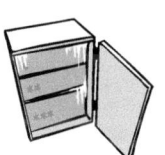

deep freezer

....

ڊيپ فريزر

baby bottle

....

ٻار جي بوتل

tap

....

نل

heating
هيٽنگ

shower
شاور

towel
ٽوال

shower curtain
شاور کرٽين

bubble bath
بل باٿ

bathtub
باٿ ٽب

glass
گلاس

washing machine
واشنگ مشين

tap
نل

tiles
ٽائلز

potty
پاٽي

sink
سنڪ

toilet
....
ٽائلٽ

squat toilet
....
اوڪڙو ويهڻ وارو ٽوائلٽ

bidet
....
شرم گاہ ڌوئڻ وارو ٽب

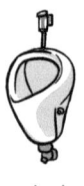

urinal
....
پيشاب گاہ

toilet paper
....
ٽائلٽ پيپر

toilet brush
....
ٽائلٽ برش

toothbrush

ټوټه برش

toothpaste

ټوټه پيسټ

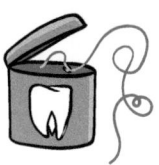

dental floss

ډينټل فلاس

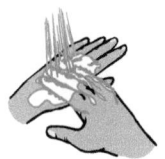

wash

ډوئڅ

hand shower

هينډ شاور

douche

شاور

basin

بيک برش

back brush

بيک برش

soap

صابن

shower gel

شاور جيل

shampoo

شيمپو

flannel

فلالين

drain

ډرين

creme

کريم

deodorant

ډيوډورنټ

mirror

آئينو

hand mirror

هٿ م پکڙڻ وارو آئينو

razor

ريزر

shaving foam

شيونگ فوم

aftershave

آفٽر شيو

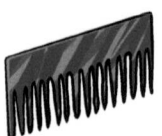

comb

ڦڻي

brush

برش

hair-dryer

هيئر ڊرائير

hairspray

هيئر اسپري

makeup

ميڪ اپ

lipstick

سرخي

nail varnish

نيل وارنش

cotton wool

ڪپهہ

nail scissors

نيل سيزر

perfume

پرفيوم

washbag

....

واش بيگ

stool

....

اسٽول

weighing scales

....

وزن ڪرڻ واري مشين

bathrobe

....

باٿ روب

rubber gloves

....

ربڙ جا دستانا

tampon

....

ٽيمپون

sanitary towel

....

صفائي وارو ٽاول

chemical toilet

....

ڪيميائي ٽوائلٽ

kids room

ٻارن جو ڪمرو

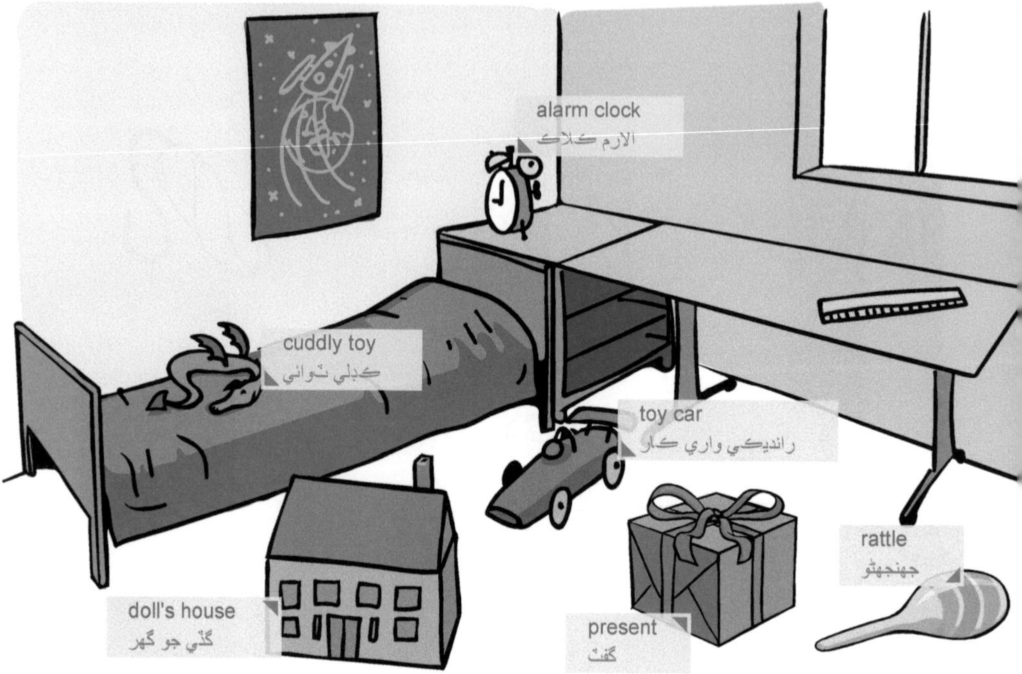

alarm clock
الارم ڪلاڪ
cuddly toy
ڪڊلي ٽوائي
toy car
رانديڪي واري ڪار
rattle
جهنجهٽو
doll's house
present
گفٽ

balloon

ڦوڪڻو

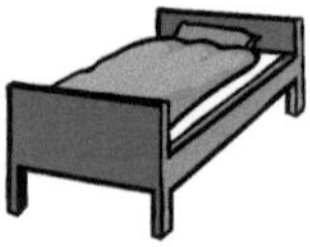

bed

بيڊ

stroller

ٻار جي ڳاڏي

deck of cards

ڊيڪ آف ڪارڊز

jigsaw

جگسا

comic

ڪامڪ

lego bricks

ليگوبرگس

toy blocks

رانديڪن وارا بلاڪس

action figure

ايڪشن فگر

romper suit

ٻيبي گرو

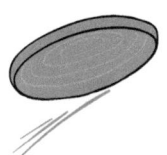

frisbee

فرسبي

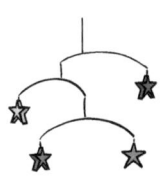

mobile

رانديڪي واري موبائل

board game

بورڊ گيم

dice

ڇهڪو

model train set

مابل ٽرين سيٽ

pacifier

ٻارن جي چوسڻ واري نپل

party

پارٽي

picture book

تصوير واري ڪتاب

ball

بال

doll

گڏي

play

کيڏڻ

sandpit

سينڊ پٽ

swing

جهولا

toys

رانديڪا

video game console

وڊيو گيم ڪنسول

tricycle

ٽن ڦيٿن واري سائيڪل

teddy bear

ٽيڊي بيئر

wardrobe

ڪپڙن جي الماري

clothing

لباس

socks

جرابا

stockings

اسٽاڪنگز

tights

ٽائٽس

scarf

umbrella

t-shirt

belt

boots

sneakers
جاگر شوز

slippers
چپل

sandals

سينڊل

shoes

جوتا

rubber boots

ربڙ جا بوٽ

underwear

انڊرپينٽس

bra

بريزر

undershirt

واسڪٽ

body

جسم

pants

پتلون

jeans

جينز پينٽ

skirt

اسڪرٽ

blouse

چولو

shirt

قميض

pullover

جرسي

sweater

هوڊي

blazer

بليزر

jacket

جيڪٽ

coat

ڪوٽ

raincoat

بارش ۾ پائڻ وارو ڪوٽ

costume

پوشاڪ

dress

لباس

wedding dress

شادي جولباس

suit

سوٽ

nightgown

نائٽ گاؤن

pajamas

پاجامو

sari

ساڙي

headscarf

مٿي تي ٻڌڻ وارو اسڪارف

turban

پڳڙي

burka

برقعو

kaftan

ڪفتان

abaya

عبايو

swimsuit

تيراڪي جو لباس

trunks

چڏي

shorts

نيڪر

tracksuit

ٽريڪ سوٽ

apron

اپرن

gloves

دستانا

button
....
بٹڻ

glasses
....
چشمو

bracelet
....
بريسليٽ

necklace
....
هار

ring
....
منڊي

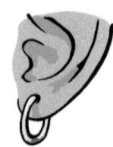

earring
....
واليون

cap
....
ٽوپي

coat hanger
....
ڪوٽ هينگر

hat
....
ٽوپي

tie
....
ٽائي

zip
....
زپ

helmet
....
هيلمٽ

braces
....
بريسز

school uniform
....
اسڪول يونيفارم

uniform
....
وردي

bib

ٻارن لاءِ ڳلي ۾ ٻڌڻ وارو ڪپڙو

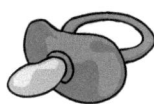

pacifier

ٻارن جي چوسڻ واري نپل

diaper

ڪڇو

office

آفس

server
سرور
filing cabinet
فائلن جي الماري
paper
ڪاغذ
printer
پرنٽر
monitor
مانيٽر
desk
ميز
mouse
ماؤس
folder
فولڊر
keyboard
ڪي بورڊ
waste-paper basket
ردي جي ٽوڪري
computer
ڪمپيوٽر
chair
ڪافي مگ

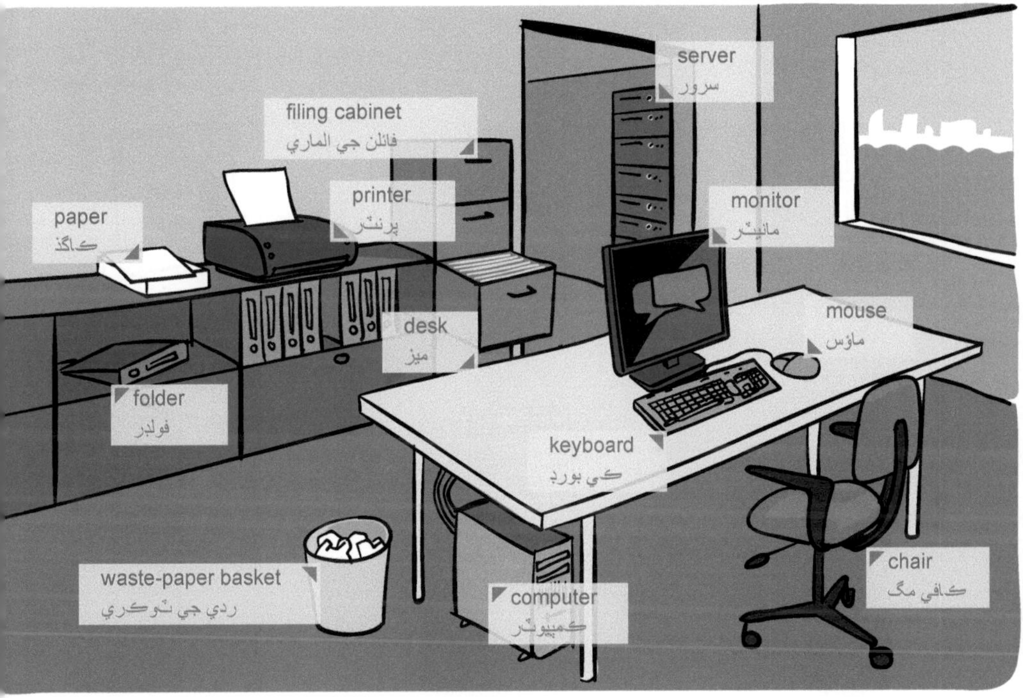

coffee mug

ڪافي مگ

calculator

ڪيلڪيوليٽر

internet

انٽرنيٽ

laptop

لیپ ٹاپ

letter

خط

message

پیغام

cell phone

موبائل

network

نیٹ ورک

photocopier

فوٹو کاپي کرڑ واري مشين

software

سافٹ ویئر

telephone

ٹیلي فون

plug socket

پلگ ساکٹ

fax machine

فیکس مشین

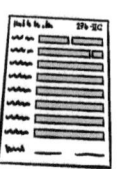

form

فارم

document

دستاویز

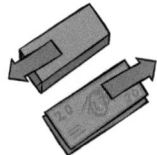

buy

خرید کرنا

pay

ادا کرنا

trade

صاف کرنا

money

پیسا

dollar

ڈالر

euro

یورو

yen

ین

rouble

روبل

Swiss franc

سوئس فرانک

renminbi yuan

رینمنبیی یوآن

rupee

روپیہ

cash point

کیش پوائنٹ

currency exchange office

رقم تبديل ڪرائڻ جي آفيس

gold

سون

silver

چاندي

oil

خام تيل

energy

توانائي

price

قيمت

contract

معاهدو

tax

ٽيڪس

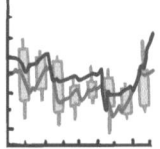

stock

ذخيرو

work

ڪم ڪرڻ

employee

ملازم

employer

آجر

factory

فيڪٽري

shop

دڪان

fireman
فائير مين
police officer
پوليس آفيسر
cook
باورچي
doctor
pilot

gardener
مالي

carpenter
وايو

seamstress
درزن

judge
جج

chemist
کيميسټ

actor
اداکار

bus driver

بس ڊرائيور

taxi driver

ٽيڪسي ڊرائيور

fisherman

مڇي مارڻ وارو

cleaning lady

صفائي ڪرڻ واري ماني

roofer

ڇت ٺاهڻ وارو

waiter

ويٽر

hunter

شڪاري

painter

رنگ ساز

baker

نانوائي

electrician

اليڪٽريشن

builder

بلڊر

engineer

انجنيئر

butcher

ڪاسائي

plumber

پلمبر

postman

پوسٽ مين

soldier

سپاهي

architect

آرکيټيکټ

cashier

خزانچي

florist

گل کپاڼ وارو

hairdresser

نائي

conductor

کنډيکټر

mechanic

مکينک

captain

کپتان

dentist

ډينټسټ

scientist

سائنسدان

rabbi

يهودي عالم

imam

امام

monk

راهب

pastor

پادري

tools
اوزار

hammer
pliers
پلاس
screwdriver
wrench
پانو
torch

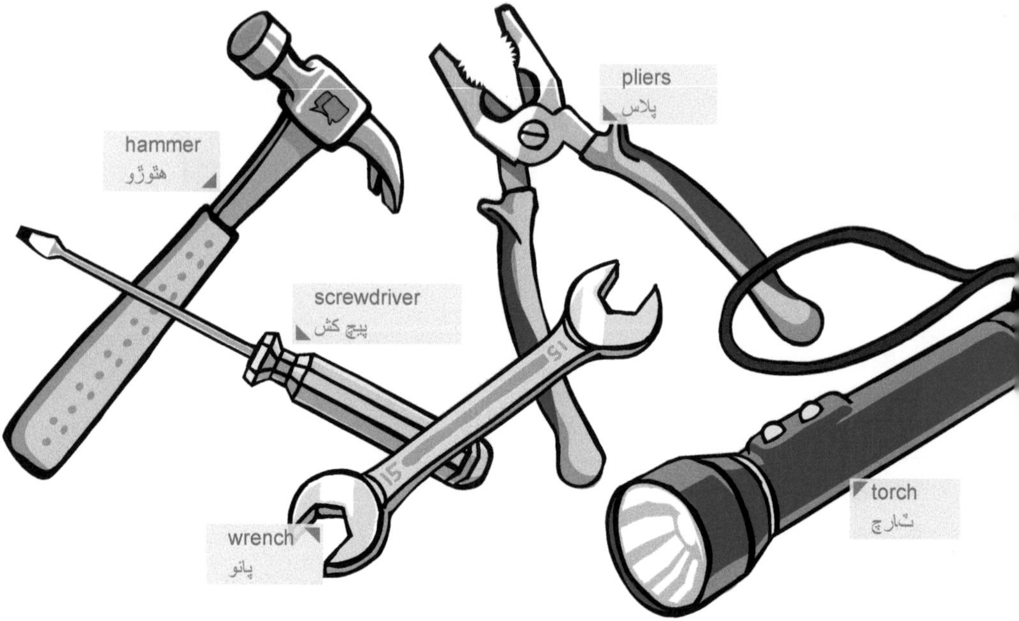

excavator

ايڪسڪويٽر

toolbox

ٽول باڪس

ladder

ڏاڪڻ

saw

آري

nails

ڪوڪو

drill

ڊرل

repair
....
مرمت ڪرڻ

shovel
....
بيلچو

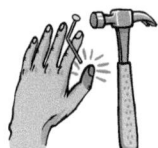

Damn!
....
لعنت هجي!

dustpan
....
ڪچري دان

paint can
....
پينٽ وارو ٿهو

screws
....
پيچ

musical instruments
موسيقي جا اوزار

loud speaker
لاؤڊ اسپيڪر

drum set
ڊبل باس

guitar
گٽار

double bass
ڊبل باس

trumpet
ٽوٽاري

piano

....

پيانو

violin

....

وائلن

bass

....

گٽار

timpani

....

ٽمپاني

drums

....

ڊرم

keyboard

....

ڪي بورڊ

saxophone

....

سيڪوفون

flute

....

بانسري

microphone

....

مائيڪروفون

entrance
داخل ٿيڻ جو رستو ◀

tiger
چيتا

◀ cage
پڃرو

zebra
زيبرا ◀

animal feed
جانورن جي خوراڪ ◀

panda
پانڊو ◀

animals

جانور

elephant

هاٿي

kangaroo

ڪينگرو

rhino

گينڊو

gorilla

گوريلو

bear

رڇ

camel

اٺ

ostrich

شتر مرغ

lion

شينهن

monkey

ٻولڙو

flamingo

فليمنگو

parrot

طوطو

polar bear

برفاني رڇ

penguin

ڪبوتر

shark

شارڪ

peacock

مور

snake

نانگ

crocodile

واڳون

zookeeper

چڙيا گهر جو محافظ

seal

گوج مڇي

jaguar

چيتو

pony

ٽٽون

leopard

چيتو

hippo

دريائي گهوڙو

giraffe

چزراف

eagle

باز

boar

سوئر

fish

مڇي

turtle

ڪمي

walrus

ساموندي گهوڙو

fox

لومڙي

gazelle

هرڻ

sports
راند

American football
آمريکن فوټبال
cycling
سائکلنگ
tennis
basketball
باسکټ بال
swimming
تيراکي
boxing
باکسنگ
ice hockey
آئس هاکي

soccer
فوټبال

badminton
بيندمنټن

athletics
ايتهليټکس

handball
هينډ بال

skiing
اسکيئنگ

polo
پولو

activities
سرگرميون

jump
hug
laugh
walk
sing
dream
pray
kiss

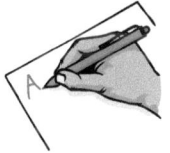

write
لکڻ

draw
تصوير ڪشي ڪرڻ

show
ڏيکارڻ

push
ڌڪو ڏيڻ

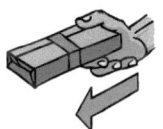

give
ڏيڻ

take
وٺڻ

have

رکڻ

do

ڪرڻ

be

ٿيڻ

stand

بيهڻ

run

ڀڄڻ

pull

ڇڪڻ

throw

اڇلائڻ

fall

ڪرڻ

lie

ڪوڙ ڳالهائڻ

wait

انتظار ڪرڻ

carry

کڻي وڃڻ

sit

ويهڻ

get dressed

تيار ٿيڻ

sleep

سمهڻ

wake up

جاڳڻ

look at

ڏسڻ

cry

روئڻ

stroke

ڌڪ هڻڻ

comb

ڪنگي ڪرڻ

talk

ڳالهائڻ

understand

سمجهڻ

ask

پڇڻ

listen

ٻڌڻ

drink

پيئڻ

eat

کائڻ

tidy up

صاف ڪرڻ

love

پيار ڪرڻ

cook

پچائڻ

drive

گاڏي هلائڻ

fly

اڏرڻ

sail

بحري سفر ڪرڻ

calculate

حساب ڪرڻ

read

پڙهڻ

learn

سکڻ

work

ڪم ڪرڻ

marry

شادي ڪرڻ

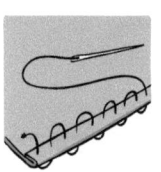

sew

سيڻ

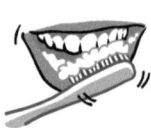

brush teeth

ڏندن کي برش ڪرڻ

kill

قتل ڪرڻ

smoke

سگريٽ پيئڻ

send

موڪلڻ

family
خاندان

grandmother
ڏاڏي يا ناني
grandfather
ڏاڏو يا نانو
father
mother
ماءُ
baby
daughter
son

guest

مهمان

aunt

چاچي

uncle

چاچو

brother

ڀاءُ

sister

ڀيڻ

body

جسم

forehead
پيشاني
eye
اک
shoulder
ڪلهو
finger
face
منهن
chin
hand
هٿ
breast
ڇاتي
leg
ٽنگ
arm
ٻانهن

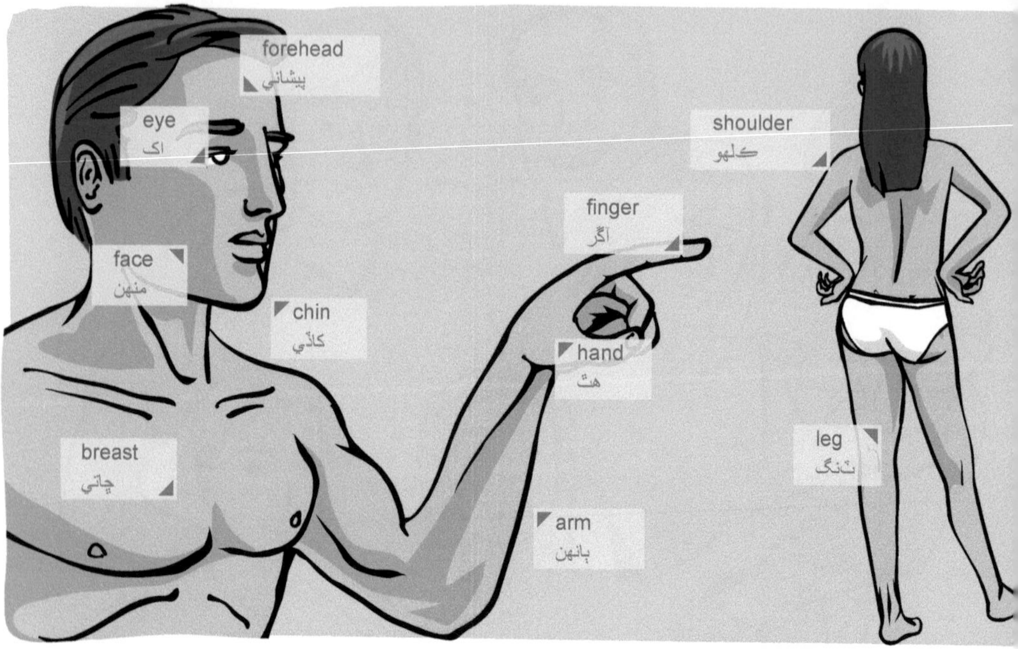

baby

ٻار

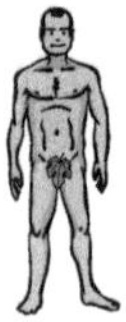

man

ماڻهون

woman

عورت

girl

ڇوڪري

boy

ڇوڪرو

head

مٿو

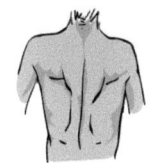

back

پٺي

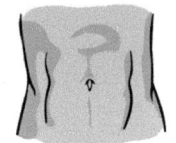

belly

پيٽ

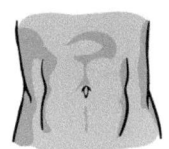

navel

ڌن

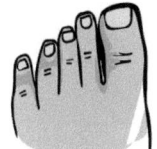

toe

پير جو آڱوٺو

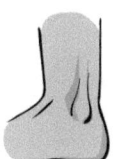

heel

ڪڙي

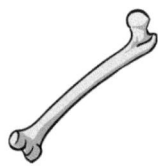

bone

هڏي

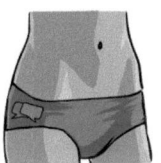

hip

ڀنڊڻ

knee

گوڏو

elbow

ٺونٺ

nose

نڪ

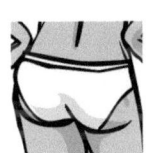

buttocks

هيٺيون حصو

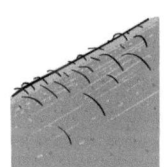

skin

کل

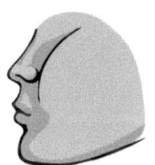

cheek

ڳل

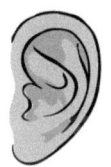

ear

ڪن

lip

چپ

mouth

وات

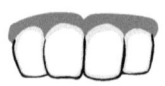

tooth

ډند

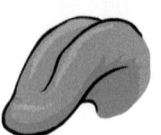

tongue

زبان

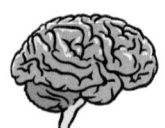

brain

دماغ

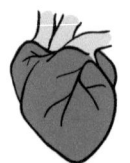

heart

دل

muscle

ډورو

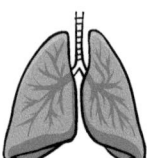

lung

ققژ

liver

جگر

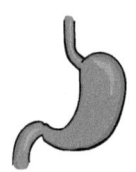

stomach

معدو

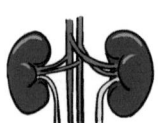

kidneys

گردا

sex

جماع کرڼ

condom

کندوم

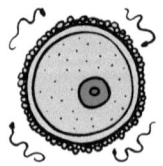

ovum

بيضه

semen

مني

pregnancy

حمل

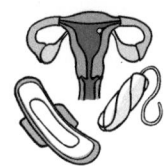

menstruation

....

حيض

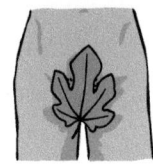

vagina

....

ٻچيداني جي نالي

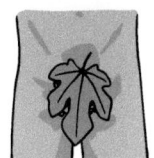

penis

....

مردانو مخصوص عضوو

eyebrow

....

ڀرون

hair

....

وار

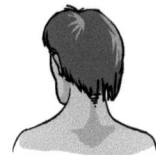

neck

....

ڳچي

hospital

اسپتال

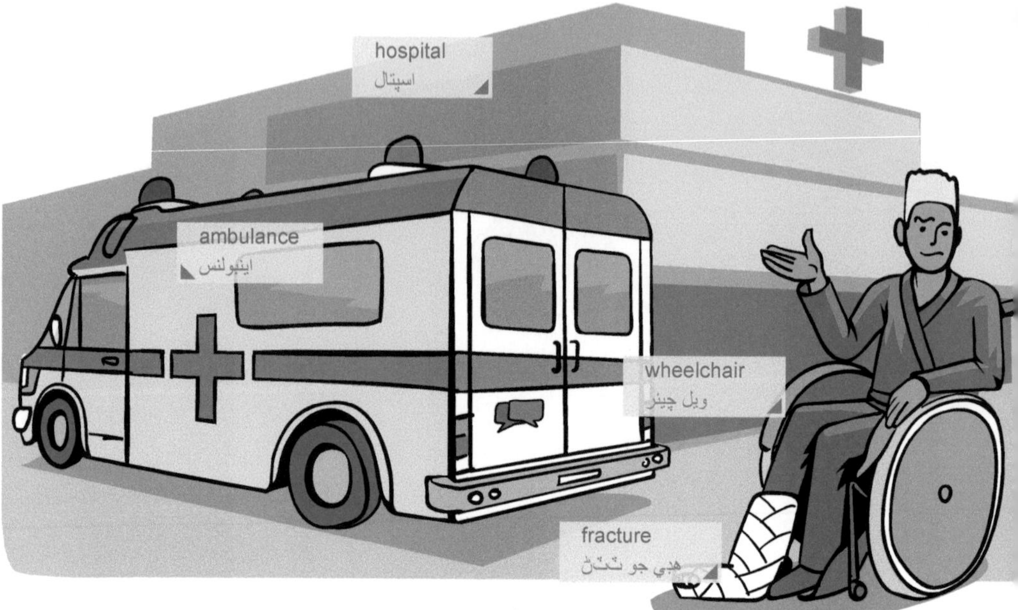

ambulance
اينبولنس
wheelchair
ويل چيئر
fracture
هڏي جو ٽٽڻ

doctor

ڊاڪٽر

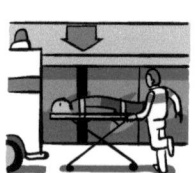

emergency room

هنگامي ڪمرو

nurse

نرس

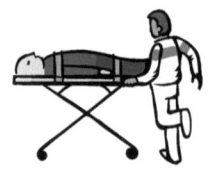

emergency

ايڪسري

unconscious

بيهوش

pain

سور

injury

زخم

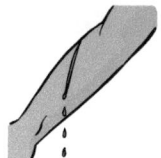

bleeding

رت وهڻ

heart attack

دل جو دورو

stroke

فالج

allergy

الرجي

cough

کنگهه

fever

بخار

flu

زڪام

diarrhea

دست

headache

مٿي جو سور

cancer

ڪينسر

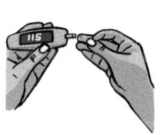

diabetes

ذيابيطس

surgeon

سرجن

scalpel

جراحي بليد

operation

آپريشن

CT

سي ٽي

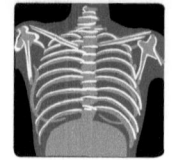

x-ray

ايڪسري

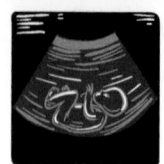

ultrasound

الٽراساؤنڊ

face mask

منهن جي ماسڪ

disease

بيماري

waiting room

انتظار ڪرڻ جو ڪمرو

crutch

بيساکهي

plaster

پالاسٽر

bandage

پٽي

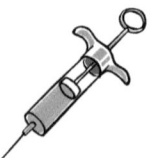

injection

انجيڪشن

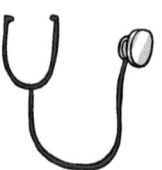

stethoscope

اسٽيٿهوسڪوپ

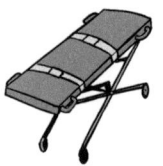

stretcher

اسٽريچر

clinical thermometer

ٿرماميٽر

birth

پيدائش

overweight

موٽاپو

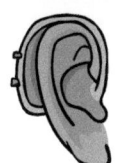

hearing aid

ٻڌڻ واري ڊيوائس

disinfectant

جراثيم ڪش

infection

انفيڪشن

virus

وائرس

HIV / AIDS

ايچ آئي وي / ايڊز

medicine

دوا

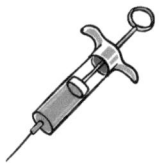

vaccination

ويڪسينيشن

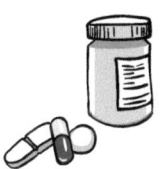

tablets

ٽڪي

pill

گوري

emergency call

هنگامي ڪال

blood pressure monitor

بلڊ پريشر مانيٽر

ill / healthy

بيمار / صحت

emergency

ايڪسري

Help!

مدد

alarm

الارم

assault

جسماني حملو ڪرڻ

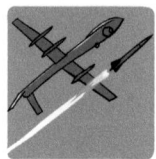

attack

حملو ڪرڻ

danger

خطره

emergency exit

هنگامي حالت ۾ نڪرڻ جو رستو

Fire!

باه

fire extinguisher

باه وسائڻ جو اوزار

accident

حادثو

first-aid kit

ابتدائي طبي امداد

SOS

ايس او ايس

police

پوليس

earth

زمين

Europe
يورپ

North America
اتر آمريڪا

South America
ڏکڻ آمريڪا

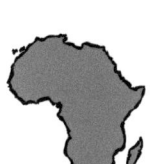

Africa
آفريقا

Asia
ايشيا

Australia
آسٽريليا

Atlantic
اٽلانٽڪ

Pacific
پيسفڪ

Indian Ocean
بحر هند

Antarctic Ocean
انٽارڪٽڪ سمنڊ

Arctic Ocean
آرڪٽڪ سمنڊ

North pole
اتر قطب

South pole

ذَكّن قطب

Antarctica

انٹار کٹیکا

earth

زمین

land

زمین

sea

سمنڈ

island

جزیرو

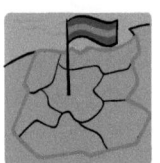

nation

قوم

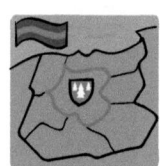

state

ریاست

clock
ڪلاڪ

clock face

گھڙي جو سامهون حصو

hour hand

ڪلاڪ واري سوئي

minute hand

منٽ واري سوئي

second hand

سيڪنڊن واري سوئي

What time is it?

ٽائم گھڻو ٿيو آهي؟

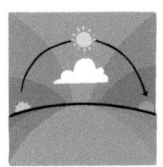

day

ڏينهن

time

وقت

now

هاڻي

digital watch

ڊجيٽل گھڙي

minute

منٽ

hour

ڪلاڪ

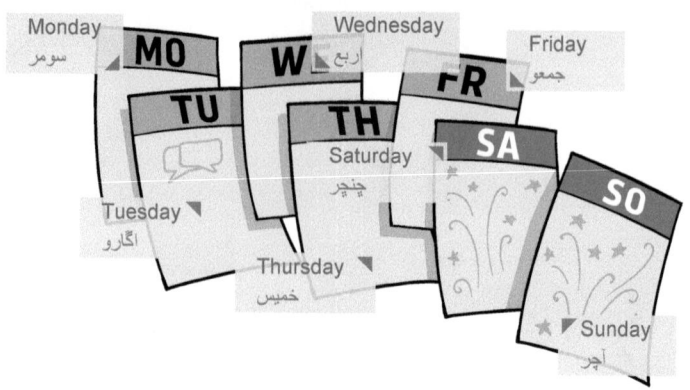

Monday
سومر
Wednesday
اربع
Friday
جمعو
Tuesday
اگارو
Saturday
چنچر
Thursday
خميس
Sunday
آچر

yesterday

كله

today

اڄ

tomorrow

سڀاڻي

morning

صبح

noon

منجهند

evening

شام

workdays

كاروباري ڏينهن

weekend

هفتي جو آخر

year

سال

rain
برسات
rainbow
انڌلٺ
wind
هوا
snow
برف
spring
بهار
summer
گرمي جي موسم
fall
خزان
winter
سردي جي موسم

4.APRIL 11°
5.APRIL 4°
6.APRIL 13°
7.APRIL 8°
8.APRIL 10°

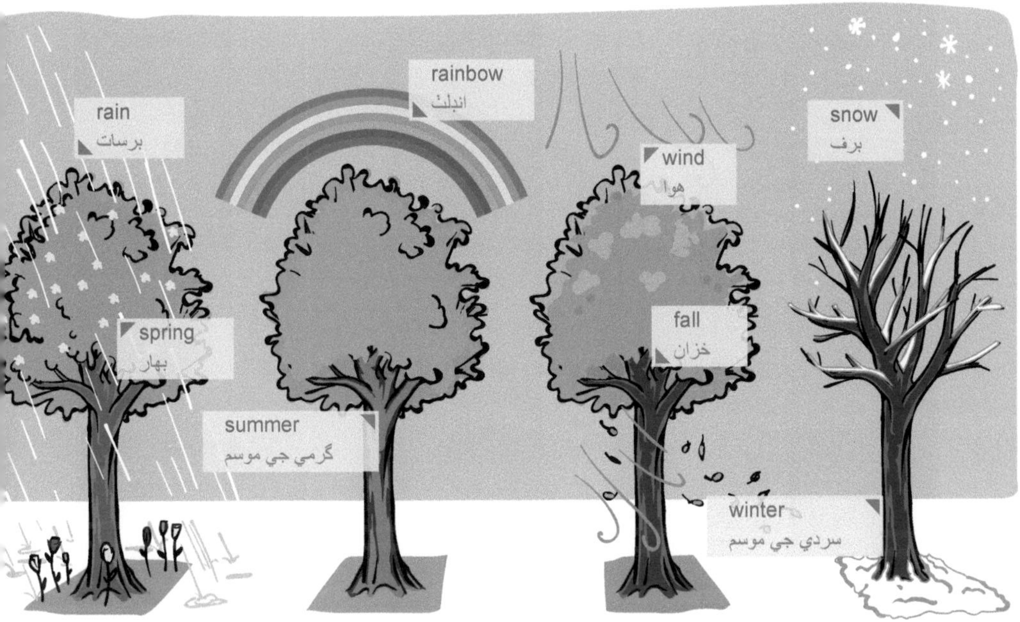

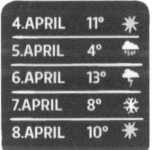

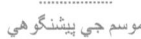

weather forecast

موسم جي پيشنگوهي

F
C
120
90
60
30
0
-30
40
30
20
10
0
-10
-20

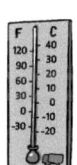

thermometer

ٿرماميٽر

sunshine

اُس

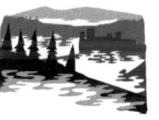

cloud

بادل

fog

ڌنڌ

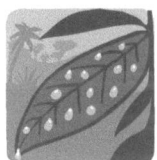

humidity

نمي

lightning

آسماني بجلي

thunder

ٿرماميٽر

storm

طوفان

hail

ڳڙن جو مينهن

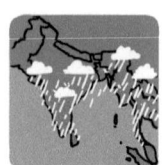

monsoon

مون سون

flood

ٻوڏ

ice

برف

January

جنوري

February

فيبروري

March

مارچ

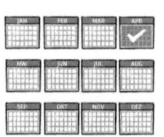

April

اپريل

May

مئي

June

جون

July

جولائي

August

آگسٽ

year - سال

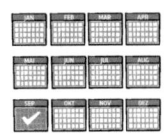

September

سيپټمبر

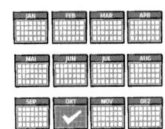

October

آکټوبر

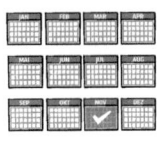

November

نوبمر

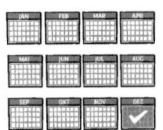

December

بسمبر

shapes

شکلون

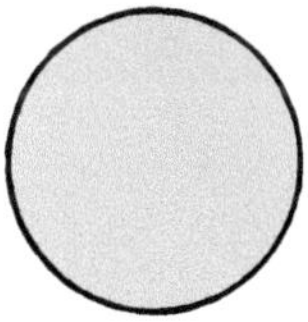

circle

دائرو

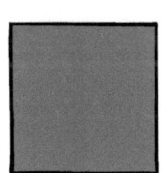

square

څکور

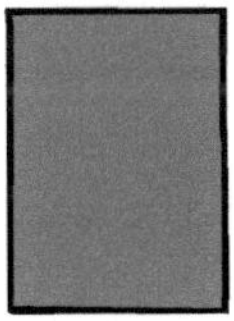

rectangle

مستطيل

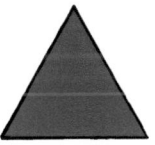

triangle

ټکنبي

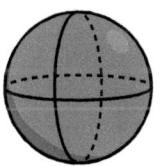

sphere

کره

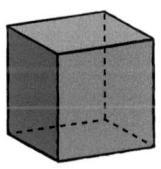

cube

کعب

colors

ڪلر

white

اڇو

yellow

پيلو

orange

نارنجي

pink

گلابي

red

ڳاڙهو

purple

جامني

blue

نيرو

green

سائو

brown

ناسي

gray

ڀورو

black

ڪارو

a lot / a little

گهڻو / ٿورو

angry / calm

ناراض / پر سڪون

beautiful / ugly

خوبصورت / بدصورت

beginning / end

شروعات / ختم

big / small

وڏو / ننڍو

bright / dark

روشني / اونده

brother / sister

بهن / بهائي

clean / dirty

صاف / خراب

complete / incomplete

مڪمل / نا مڪمل

day / night

ڏينهن / رات

dead / alive

مرده / زنده

wide / narrow

بگهو / تنگ

edible / inedible

کائڻ قابل نه هجڻ / کائڻ جي قابل هجڻ

evil / kind

برو / سٺو

excited / bored

پرجوش / بوريت جوشڪار

fat / thin

موٽو / پتلو

first / last

پهريون / آخري

friend / enemy

دوست / دشمن

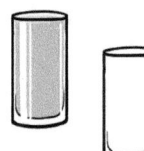

full / empty

پريل / خالي

hard / soft

سخت / نرم

heavy / light

ڳورو / هلڪو

hunger / thirst

بک / اڃ

ill / healthy

بيمار / صحت

illegal / legal

غيرقانون / قانوني

intelligent / stupid

عقلمند / بيوقوف

left / right

سڌو / ابتو

near / far

ويجهي / پري

new / used
....
نئون / استعمال ٿيل

nothing / something
....
ڪجه به نه / ڪجه

old / young
....
پوڙهو / نوجوان

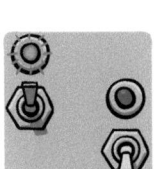

on / off
....
آن / آف

open / closed
....
کليل / بند

quiet / loud
....
خاموش / بلند آواز سان

rich / poor
....
امير / غريب

right / wrong
....
صحيح / غلط

rough / smooth
....
کهورو / لسو

sad / happy
....
غمگين / خوش

short / long
....
مختصر / ڊگهو

slow / fast
....
آهسته / تيز

wet / dry
....
آلو / سڪل

warm / cool
....
گرم / ٿڌو

war / peace
....
جنگ / امن

numbers

نمبرز

0

zero

زيرو

1

one

هڪ

2

two

ٻه

3

three

ٽي

4

four

چار

5

five

پنج

6

six

ڇه

7

seven

ست

8

eight

اَٺ

9

nine

نَو

10

ten

ڏه

11

eleven

يارهن

12

twelve

ٻارهن

13

thirteen

تيرهن

14

fourteen

چوڏهن

15

fifteen

پندرهن

16

sixteen

سورهن

17

seventeen

سترهن

18

eighteen

ارڙهن

19

nineteen

اوڻويه

20

twenty

ويه

100

hundred

سو

1.000

thousand

هزار

1.000.000

million

ڏه لک

languages
پوليون

English
انگريزي

American English
آمريکي انگريزي

Chinese Mandarin
چيني مينډارن

Hindi
هندي

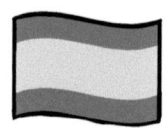

Spanish
اندلسي پولي

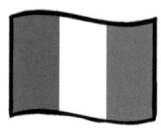

French
فرانسيسي

Arabic
عربي

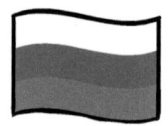

Russian
روسي

Portuguese
پرتگالي

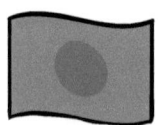

Bengali
بنگالي

German
جرمن

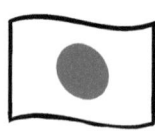

Japanese
جاپاني

who / what / how

ڪير / ڇا / ڪيئن

I

مان

you

تون

he / she / it

هي ڇوڪري/ هي ڇوڪرو / هو

we

اسان

you

تون

they

هو

who?

ڪير؟

what?

ڇا؟

how?

ڪيئن

where?

ڪٿي؟

when?

ڪڏهن؟

name

نالو

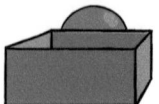

where

ڪاڏي

behind

پويان

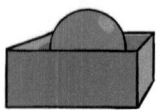

in

in front of

جي سامهون

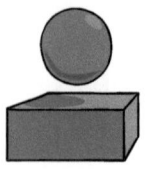

over

مٿي

on

تي

under

هيٺ

beside

گڏ

between

وچ ۾

place

جڳهه